Üben ❶ Rechne. Was fällt dir auf?

·	1	10
1		
2		
3		
4		
5		

·	1	10
6		
7		
8		
9		
10		

Mir fällt auf, dass ....

....

....

Üben ❷ Streiche falsche Kärtchen durch.

4 · 10 <	50	70	120	260	30
8 · 10 >	0	80	45	77	88
7 · 10 <	1000	700	70	7	80
3 · 10 <	20	300	33	30	27

Einmaleinsreihen
Die Zehnerreihe

Einmaleinsreihen
Die Zehnerreihe

Lösung ❶ Für jede richtige Zahl gibt es 1 Punkt.

·	1	10
1	1	10
2	2	20
3	3	30
4	4	40
5	5	50

·	1	10
6	6	60
7	7	70
8	8	80
9	9	90
10	10	100

Mir fällt auf, dass ich bei Aufgaben mit „mal 10" nur eine Null anhängen muss.

Lösung ❷ Für jedes richtig durchgestrichene Kärtchen gibt es 1 Punkt.

$4 \cdot 10 <$	50	~~70~~	120	260	~~30~~
$8 \cdot 10 >$	0	~~80~~	45	~~77~~	~~88~~
$7 \cdot 10 <$	1000	700	~~70~~	~~7~~	80
$3 \cdot 10 <$	~~20~~	300	33	~~30~~	~~27~~

Üben ❶ Punkte   Üben ❷ Punkte

Üben ③ Welche Ergebnisse sind gleich? Rechne und male in der gleichen Farbe an.

- 🟢 3 · 10 + 17 = ...
- 🟠 7 · 10 − 28 = ...
- 🟡 9 · 10 + 87 = ...
- 🔵 8 · 10 − 23 = ...
- 🟠 6 · 10 + 85 = ...
- 🟣 5 · 10 + 67 = ...

- ⚪ 2 · 10 + 22 = ...
- ⚪ 9 · 10 + 55 = ...
- ⚪ 10 · 10 + 77 = ...
- ⚪ 7 · 10 + 47 = ...
- ⚪ 4 · 10 + 17 = ...
- ⚪ 5 · 10 − 3 = ...

Üben ④ Rechne.

5 · 10 + 26 = ...

8 · 10 − 37 = ...

6 · 10 + 57 = ...

4 · 10 + ... = 96

0 · 10 + ... = 115

9 · 10 − ...... = 44

7 · 10 − ...... = 34

...... · 10 + 47 = 147

...... · 10 − 31 = 29

...... · 10 + 68 = 118

...... · 10 − 27 = 73

...... · 10 − 53 = 17

...... · 10 + 68 = 68

...... · 10 + 68 = 158

Einmaleinsreihen
Die Zehnerreihe üben

Einmaleinsreihen
Die Zehnerreihe üben

Lösung ❸ Für jede richtig gelöste Aufgabe gibt es 1 Punkt.

- $3 \cdot 10 + 17 = 47$
- $7 \cdot 10 - 28 = 42$
- $9 \cdot 10 + 87 = 177$
- $8 \cdot 10 - 23 = 57$
- $6 \cdot 10 + 85 = 145$
- $5 \cdot 10 + 67 = 117$

- $2 \cdot 10 + 22 = 42$
- $9 \cdot 10 + 55 = 145$
- $10 \cdot 10 + 77 = 177$
- $7 \cdot 10 + 47 = 117$
- $4 \cdot 10 + 17 = 57$
- $5 \cdot 10 - 3 = 47$

Lösung ❹ Für jedes richtige Ergebnis gibt es 1 Punkt.

$5 \cdot 10 + 26 = 76$

$8 \cdot 10 - 37 = 43$

$6 \cdot 10 + 57 = 117$

$4 \cdot 10 + 56 = 96$

$0 \cdot 10 + 115 = 115$

$9 \cdot 10 - 46 = 44$

$7 \cdot 10 - 36 = 34$

$10 \cdot 10 + 47 = 147$

$6 \cdot 10 - 31 = 29$

$5 \cdot 10 + 68 = 118$

$10 \cdot 10 - 27 = 73$

$7 \cdot 10 - 53 = 17$

$0 \cdot 10 + 68 = 68$

$9 \cdot 10 + 68 = 158$

TIPP

Punktrechnung (mal oder geteilt) kommt vor Strichrechnung (plus oder minus).

$3 \cdot 10 - 7 = 30 - 7 = 23$

Üben ❸   **Punkte**   Üben ❹   **Punkte**

Üben 5 Rechne und färbe die Einerstellen.

1 · 5 = ...   6 · 5 = ...

2 · 5 = ...   7 · 5 = ...

3 · 5 = ...   8 · 5 = ...

4 · 5 = ...   9 · 5 = ...

5 · 5 = ...   10 · 5 = ...

Üben 6
Zeichne das Muster der Fünferreihe. Verbinde dafür die Einerstellen, die du in Üben 5 bereits gefärbt hast, der Reihe nach. Beginne bei der Null. Schreibe die dazugehörenden Ergebnisse auf die Linie neben den Einerstellen. Was fällt dir auf?

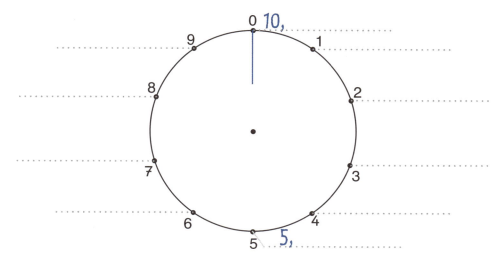

Mir fällt auf, dass .....

Einmaleinsreihen
Die Fünferreihe

Einmaleinsreihen
Die Fünferreihe

Lösung ⑤ Für jedes richtige Ergebnis gibt es 1 Punkt.

$1 \cdot 5 = 5$ $6 \cdot 5 = 30$

$2 \cdot 5 = 10$ $7 \cdot 5 = 35$

$3 \cdot 5 = 15$ $8 \cdot 5 = 40$

$4 \cdot 5 = 20$ $9 \cdot 5 = 45$

$5 \cdot 5 = 25$ $10 \cdot 5 = 50$

Lösung ⑥ Für das richtige Muster gibt es 2 Punkte und für jede richtig aufgeschriebene Zahl gibt es 1 Punkt.

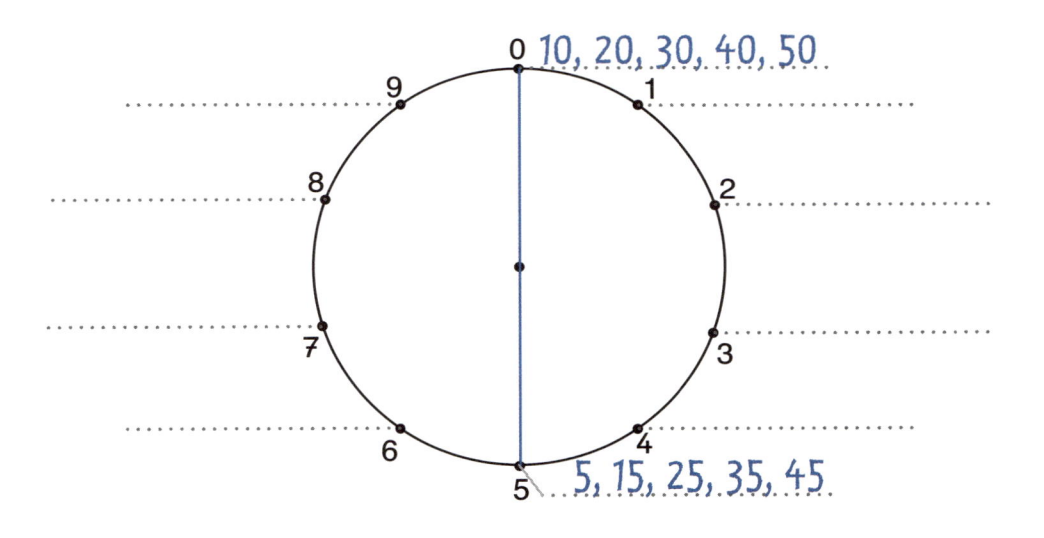

Mir fällt auf, dass bei den Zahlen der Fünferreihe an der Einerstelle immer 0 oder 5 steht.

Üben ⑤   Punkte   **Üben ⑥**   Punkte

Üben 7

Welche Zahlen gehören nicht zur Fünferreihe? Streiche durch. Begründe deine Entscheidung.

| 5 | 45 | 12 | 35 | 50 | 46 | 31 | 15 | 20 | 52 |

Die durchgestrichenen Kärtchen gehören nicht zur Fünferreihe, weil

....

....

Üben 8 Rechne.

☁ · 5 = 25

☁ · 5 = 15

7 · 5 = ☁

45 : 5 = ☁

☁ : 5 = 7

40 : 5 = ☁

☁ : 5 = 6

☁ : 5 = 4

6 · 5 + 2 = ☁

9 · 5 − 3 = ☁

4 · 5 + ☁ = 24

3 · 5 − ☁ = 11

☁ · 5 + 3 = 38

☁ · 5 − 4 = 46

☁ : 5 + 12 = 19

☁ : 5 + 96 = 106

Einmaleinsreihen
Die Fünferreihe üben

Einmaleinsreihen
Die Fünferreihe üben

Lösung ❼ Für jede richtig durchgestrichene Zahl gibt es 1 Punkt.

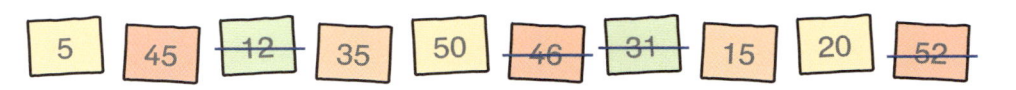

| 5 | 45 | ~~12~~ | 35 | 50 | ~~46~~ | ~~31~~ | 15 | 20 | ~~52~~ |

Die durchgestrichenen Kärtchen gehören nicht zur Fünferreihe, weil
sie in der Einerstelle keine 0 oder keine 5 haben.

Lösung ❽ Für jede richtige Aufgabe gibt es 1 Punkt.

$5 \cdot 5 = 25$

$3 \cdot 5 = 15$

$7 \cdot 5 = 35$

$45 : 5 = 9$

$35 : 5 = 7$

$40 : 5 = 8$

$30 : 5 = 6$

$20 : 5 = 4$

$6 \cdot 5 + 2 = 32$

$9 \cdot 5 - 3 = 42$

$4 \cdot 5 + 4 = 24$

$3 \cdot 5 - 4 = 11$

$7 \cdot 5 + 3 = 38$

$10 \cdot 5 - 4 = 46$

$35 : 5 + 12 = 19$

$50 : 5 + 96 = 106$

Üben ❼   Punkte   Üben ❽   Punkte

Üben 9
Kreise die Zahlen der Fünferreihe rot und die Zahlen der Zehnerreihe grün ein. Was fällt dir auf?

1	2	3	4	5	6	7	8	9	10
11	12	13	14	15	16	17	18	19	20
21	22	23	24	25	26	27	28	29	30
31	32	33	34	35	36	37	38	39	40
41	42	43	44	45	46	47	48	49	50
51	52	53	54	55	56	57	58	59	60
61	62	63	64	65	66	67	68	69	70
71	72	73	74	75	76	77	78	79	80
81	82	83	84	85	86	87	88	89	90
91	92	93	94	95	96	97	98	99	100

Mir fällt auf, dass ....

Üben 10
Rechne Aufgaben aus der Fünferreihe geschickt mit der Zehnerreihe.

14 · 5 = ...   18 · 5 = ...   12 · 5 = ...

..... · 10 = ... · 10 = ... · 10 = ...

10 · 5 = ...   16 · 5 = ...   22 · 5 = ...

....

Einmaleinsreihen
Fünfer- und Zehnerreihe

Einmaleinsreihen
Fünfer- und Zehnerreihe

Lösung ❾ Für jede richtig eingekreiste Einmaleinsreihe gibt es
2 Punkte.

1	2	3	4	⑤	6	7	8	9	⑩
11	12	13	14	⑮	16	17	18	19	⑳
21	22	23	24	㉕	26	27	28	29	㉚
31	32	33	34	㉟	36	37	38	39	㊵
41	42	43	44	㊺	46	47	48	49	㊼
51	52	53	54	㊻	56	57	58	59	㊿
61	62	63	64	⑥⑤	66	67	68	69	⑦⓪
71	72	73	74	⑦⑤	76	77	78	79	⑧⓪
81	82	83	84	⑧⑤	86	87	88	89	⑨⓪
91	92	93	94	⑨⑤	96	97	98	99	⑩⓪

Mir fällt auf, dass alle Zehnerzahlen auch in der Fünferreihe vorkommen.

Lösung ❿ Für jede richtige Aufgabe gibt es 1 Punkt.

$14 \cdot 5 = 70$ $18 \cdot 5 = 90$ $12 \cdot 5 = 60$

$7 \cdot 10 = 70$ $9 \cdot 10 = 90$ $6 \cdot 10 = 60$

$10 \cdot 5 = 50$ $16 \cdot 5 = 80$ $22 \cdot 5 = 110$

$5 \cdot 10 = 50$ $8 \cdot 10 = 80$ $11 \cdot 10 = 110$

Üben ❾   Punkte   Üben ❿   Punkte

Üben 11 Rechne und färbe die Einerstellen.

1 · 2 = ...   6 · 2 = ...

2 · 2 = ...   7 · 2 = ...

3 · 2 = ...   8 · 2 = ...

4 · 2 = ...   9 · 2 = ...

5 · 2 = ...   10 · 2 = ...

Üben 12 Zeichne das Muster der Zweierreihe. Verbinde dafür die Einerstellen, die du in Üben 11 bereits gefärbt hast, der Reihe nach. Beginne bei der Null. Schreibe die dazugehörenden Ergebnisse auf die Linie neben den Einerstellen. Was fällt dir auf?

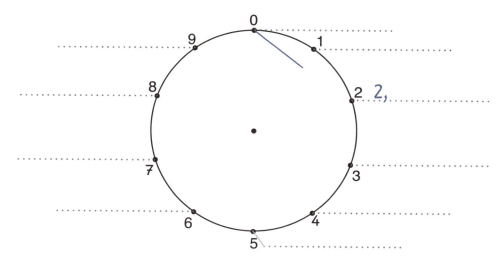

2,

Mir fällt auf, dass ....

Einmaleinsreihen
Die Zweierreihe

Einmaleinsreihen

Die Zweierreihe

Lösung ⑪ Für jedes richtige Ergebnis gibt es 1 Punkt.

$1 \cdot 2 = 2$ $6 \cdot 2 = 12$

$2 \cdot 2 = 4$ $7 \cdot 2 = 14$

$3 \cdot 2 = 6$ $8 \cdot 2 = 16$

$4 \cdot 2 = 8$ $9 \cdot 2 = 18$

$5 \cdot 2 = 10$ $10 \cdot 2 = 20$

Lösung ⑫ Für das richtige Muster gibt es 2 Punkte und für jede richtig aufgeschriebene Zahl gibt es 1 Punkt.

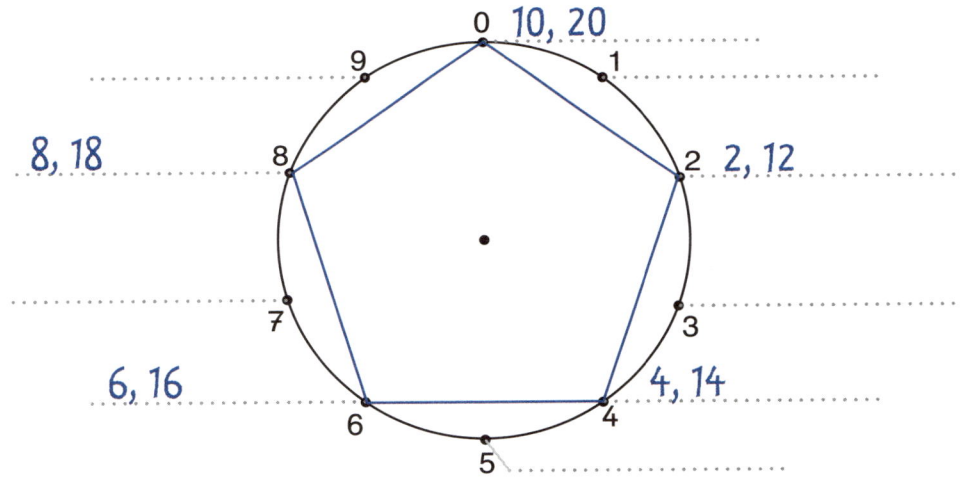

Mir fällt auf, dass bei den Zahlen der Zweierreihe immer gerade Zahlen (0, 2, 4, 6, 8) stehen.

Üben ⑪   **Punkte**   **Üben** ⑫   **Punkte**

Üben 13   Überprüfe, ob „richtig" (r) oder „falsch" (f).

7 · 2 < 15   ○   6 · 2 + 17 = 39   ○   8 · 2 > 16   ○
8 · 2 + 37 < 55   ○   4 · 2 = 10   ○   7 · 2 − 5 > 9   ○
9 · 2 = 18   ○   9 · 2 + 45 = 63   ○   6 · 2 > 11   ○
10 · 2 − 1 = 21   ○   5 · 2 = 10   ○   3 · 2 + 26 < 42   ○

Üben 14   Löse die Zahlenrätsel.

Wenn ich zum Doppelten meiner Zahl 127 addiere, erhalte ich das Ergebnis 145.

....

Meine Zahl heißt: ......

Wenn ich von meiner Zahl 243 subtrahiere, erhalte ich das Doppelte von 9.

....

Meine Zahl heißt: ......

Einmaleinsreihen
Die Zweierreihe üben

Einmaleinsreihen
Die Zweierreihe üben

Lösung ⑬   Für jeden richtigen Buchstaben gibt es 1 Punkt.

$7 \cdot 2 < 15$ (r) $6 \cdot 2 + 17 = 39$ (f) $8 \cdot 2 > 16$ (f)

$8 \cdot 2 + 37 < 55$ (r) $4 \cdot 2 = 10$ (f) $7 \cdot 2 - 5 > 9$ (f)

$9 \cdot 2 = 18$ (r) $9 \cdot 2 + 45 = 63$ (r) $6 \cdot 2 > 11$ (r)

$10 \cdot 2 - 1 = 21$ (f) $5 \cdot 2 = 10$ (r) $3 \cdot 2 + 26 < 42$ (r)

Lösung ⑭   Für jedes richtige Zahlenrätsel gibt es 2 Punkte.

Wenn ich zum Doppelten meiner Zahl 127

addiere, erhalte ich das Ergebnis 145.

$\boxed{} \cdot 2 + 127 = 145$ $145 - 127 = 18$ $18 : 2 = 9$

Meine Zahl heißt: 9

Wenn ich von meiner Zahl 243 subtrahiere,

erhalte ich das Doppelte von 9.

$\boxed{} - 243 = 9 \cdot 2$ $9 \cdot 2 = 18$ $243 + 18 = 261$

Meine Zahl heißt: 261

Üben ⑬   **Punkte**   Üben ⑭   **Punkte**

Üben 15 Rechne und färbe die Einerstellen.

1 · 4 = ...   6 · 4 = ...

2 · 4 = ...   7 · 4 = ...

3 · 4 = ...   8 · 4 = ...

4 · 4 = ...   9 · 4 = ...

5 · 4 = ...   10 · 4 = ...

Üben 16
Zeichne das Muster der Viererreihe. Verbinde dafür die Einerstellen, die du in Üben 15 bereits gefärbt hast, der Reihe nach. Beginne bei der Null. Schreibe die dazugehörenden Ergebnisse auf die Linie neben den Einerstellen.

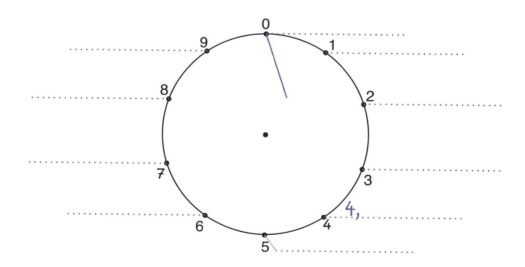

Einmaleinsreihen
Die Viererreihe

Einmaleinsreihen
Die Viererreihe

Lösung ⑮ Für jedes richtige Ergebnis gibt es 1 Punkt.

$1 \cdot 4 = 4$ $6 \cdot 4 = 24$

$2 \cdot 4 = 8$ $7 \cdot 4 = 28$

$3 \cdot 4 = 12$ $8 \cdot 4 = 32$

$4 \cdot 4 = 16$ $9 \cdot 4 = 36$

$5 \cdot 4 = 20$ $10 \cdot 4 = 40$

Lösung ⑯ Für das richtige Muster gibt es 2 Punkte und für jede richtig aufgeschriebene Zahl gibt es 1 Punkt.

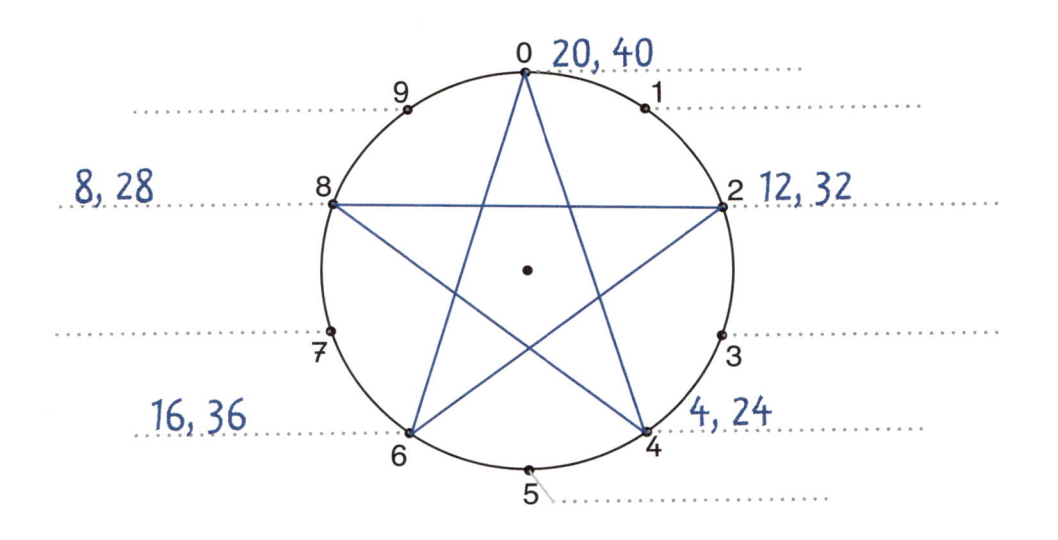

Üben 17 Immer „mal 4". Ergänze.

Üben 18 Verbinde die Kärtchen mit gleichem Ergebnis.

3 · 4 + ... = 20

9 · 4 − ...... = 36

5 · 4 + 125 = ...

...... · 4 − 13 = 27

...... · 4 + 42 = 66

9 · 4 + 30 = ...

3 · 4 + 15 = ...

10 · 4 − 20 = ...

0 · 4 + 36 = ...

20 · 4 + 65 = ...

Einmaleinsreihen
Die Viererreihe üben

Einmaleinsreihen
Die Viererreihe üben

Lösung ⑰ Für jede richtige Zahl gibt es 1 Punkt.

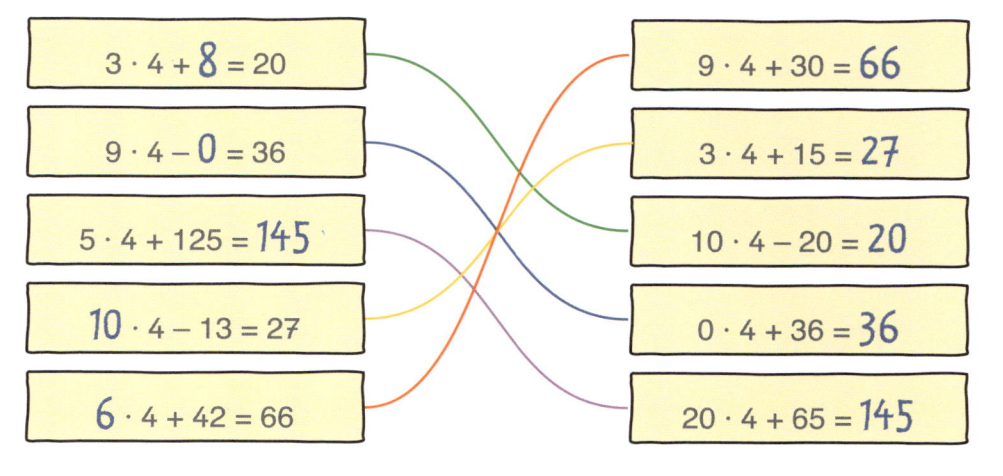

·4

3	12
9	36
7	28
5	20

·4

8	32
10	40
8	32
6	24

·4

0	0
4	16
9	36
6	24

Lösung ⑱ Für jede richtige Aufgabe gibt es 1 Punkt.

$3 \cdot 4 + 8 = 20$

$9 \cdot 4 - 0 = 36$

$5 \cdot 4 + 125 = 145$

$10 \cdot 4 - 13 = 27$

$6 \cdot 4 + 42 = 66$

$9 \cdot 4 + 30 = 66$

$3 \cdot 4 + 15 = 27$

$10 \cdot 4 - 20 = 20$

$0 \cdot 4 + 36 = 36$

$20 \cdot 4 + 65 = 145$

Üben 19 Rechne und färbe die Einerstellen.

1 · 8 = ...   6 · 8 = ...

2 · 8 = ...   7 · 8 = ...

3 · 8 = ...   8 · 8 = ...

4 · 8 = ...   9 · 8 = ...

5 · 8 = ...   10 · 8 = ...

Üben 20 Zeichne das Muster der Achterreihe. Verbinde dafür die Einerstellen, die du in Üben 19 bereits gefärbt hast, der Reihe nach. Beginne bei der Null. Schreibe die dazugehörenden Ergebnisse auf die Linie neben den Einerstellen.

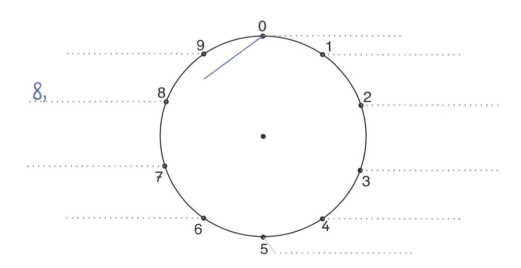

8, ...

Einmaleinsreihen
Die Achterreihe

Einmaleinsreihen
Die Achterreihe

Lösung ⑲ Für jedes richtige Ergebnis gibt es 1 Punkt.

$1 \cdot 8 = 8$ $6 \cdot 8 = 48$

$2 \cdot 8 = 16$ $7 \cdot 8 = 56$

$3 \cdot 8 = 24$ $8 \cdot 8 = 64$

$4 \cdot 8 = 32$ $9 \cdot 8 = 72$

$5 \cdot 8 = 40$ $10 \cdot 8 = 80$

Lösung ⑳ Für das richtige Muster gibt es 2 Punkte und für jede richtig aufgeschriebene Zahl gibt es 1 Punkt.

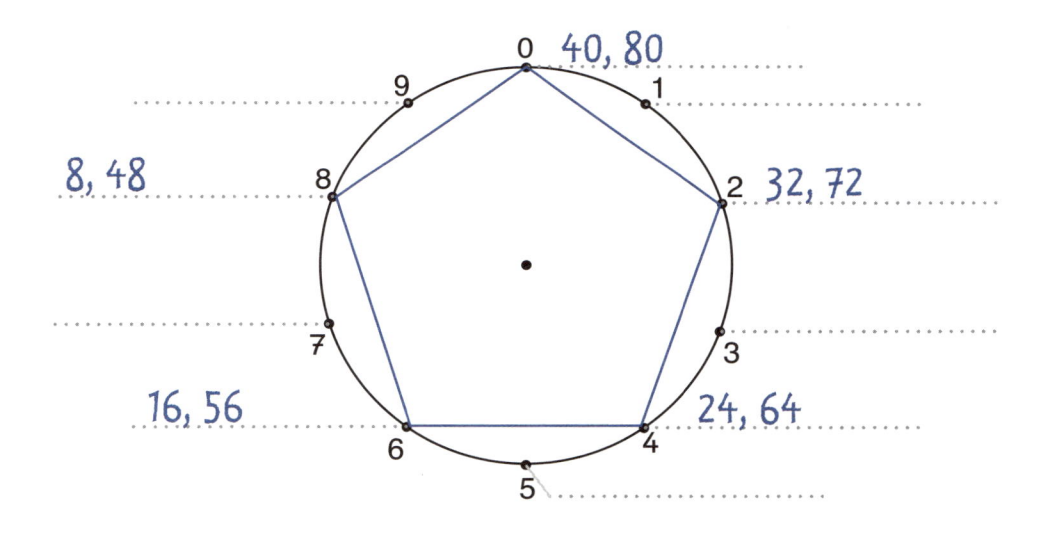

Üben 21 Immer „mal 8". Ergänze die Rechenräder.

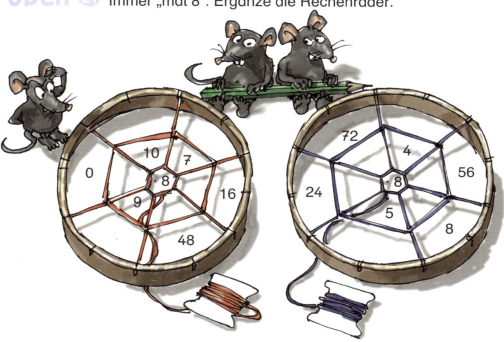

Üben 22 Kennst du Annikas Zahl? Löse das Zahlenrätsel.

Ich erhalte meine Zahl, wenn ich das Achtfache von 4 und das Achtfache von 6 addiere.

Die Zahl heißt: ……

Einmaleinsreihen
Die Achterreihe üben

Einmaleinsreihen
Die Achterreihe üben

Lösung 21 Für jede richtige Zahl gibt es 1 Punkt.

Lösung 22 Für die richtige Lösung des Zahlenrätsels gibt es 1 Punkt.

$4 \cdot 8 + 6 \cdot 8 = 32 + 48 = 80$

Die Zahl heißt: 80

Üben 23

Kreise die Zahlen der Zweierreihe bis 80 rot, der Viererreihe bis 80 gelb und der Achterreihe grün ein.

1	2	3	4	5	6	7	8	9	10
11	12	13	14	15	16	17	18	19	20
21	22	23	24	25	26	27	28	29	30
31	32	33	34	35	36	37	38	39	40
41	42	43	44	45	46	47	48	49	50
51	52	53	54	55	56	57	58	59	60
61	62	63	64	65	66	67	68	69	70
71	72	73	74	75	76	77	78	79	80

Üben 24

Rechne.

·	2	4	8
2			
7			
9			

·	8		2
	16		
5		20	
		24	

Einmaleinsreihen
Zweier-, Vierer- und Achterreihe

Einmaleinsreihen

Zweier-, Vierer- und Achterreihe

Lösung 23 Für jede richtig eingekreiste Einmaleinsreihe gibt es 2 Punkte.

1	②	3	④	5	⑥	7	⑧	9	⑩
11	⑫	13	⑭	15	⑯	17	⑱	19	⑳
21	㉒	23	㉔	25	㉖	27	㉘	29	㉚
31	㉜	33	㉞	35	㊱	37	㊳	39	㊵
41	㊷	43	㊹	45	㊻	47	㊽	49	㊿
51	52	53	54	55	56	57	58	59	60
61	62	63	64	65	66	67	68	69	70
71	72	73	74	75	76	77	78	79	80

Lösung 24 Für jede richtig eingetragene Zahl gibt es 1 Punkt.

·	2	4	8
2	4	8	16
7	14	28	56
9	18	36	72

·	8	4	2
2	16	8	4
5	40	20	10
6	48	24	12

Üben 23 _____ Punkte   Üben 24 _____ Punkte

Üben 25 Ergänze die Aufgaben.

Üben 26 Setze in die Kreise ein: <, > oder =.

6 · 4 + 12 ◯ 12 + 3 · 8

8 · 4 + 2 · 2 ◯ 9 · 8 − 36

9 · 8 − 27 ◯ 10 · 4 + 15

7 · 8 − 17 ◯ 3 · 4 + 26

Einmaleinsreihen
Zweier-, Vierer- und Achterreihe

Einmaleinsreihen

Zweier-, Vierer- und Achterreihe

Lösung 25   Für jede richtige Zahl gibt es 1 Punkt.

8	32	56
4 · 2	16 · 2	28 · 2
2 · 4	8 · 4	14 · 4
1 · 8	4 · 8	7 · 8

24	72	64
12 · 2	36 · 2	32 · 2
6 · 4	18 · 4	16 · 4
3 · 8	9 · 8	8 · 8

Lösung 26   Für jedes richtige Zeichen gibt es 1 Punkt.

$6 · 4 + 12 \;\boxed{=}\; 12 + 3 · 8$ $8 · 4 + 2 · 2 \;\boxed{=}\; 9 · 8 - 36$

$9 · 8 - 27 \;\boxed{<}\; 10 · 4 + 15$ $7 · 8 - 17 \;\boxed{>}\; 3 · 4 + 26$

Üben 25   **Punkte**   **Üben** 26   **Punkte**

Üben 27 — Rechne und färbe die Einerstellen.

1 · 3 = ...   6 · 3 = ...

2 · 3 = ...   7 · 3 = ...

3 · 3 = ...   8 · 3 = ...

4 · 3 = ...   9 · 3 = ...

5 · 3 = ...   10 · 3 = ...

Üben 28 — Zeichne das Muster der Dreierreihe. Verbinde dafür die Einerstellen, die du in Üben 27 bereits gefärbt hast, der Reihe nach. Beginne bei der Null. Schreibe die dazugehörenden Ergebnisse auf die Linie neben den Einerstellen.

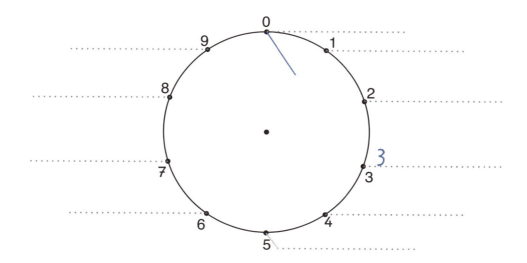

3

Einmaleinsreihen
Die Dreierreihe

Einmaleinsreihen
Die Dreierreihe

Lösung ㉗ Für jedes richtige Ergebnis gibt es 1 Punkt.

$1 \cdot 3 = 3$ $6 \cdot 3 = 18$

$2 \cdot 3 = 6$ $7 \cdot 3 = 21$

$3 \cdot 3 = 9$ $8 \cdot 3 = 24$

$4 \cdot 3 = 12$ $9 \cdot 3 = 27$

$5 \cdot 3 = 15$ $10 \cdot 3 = 30$

Lösung ㉘ Für das richtige Muster gibt es 2 Punkte und für jede richtig aufgeschriebene Zahl gibt es 1 Punkt.

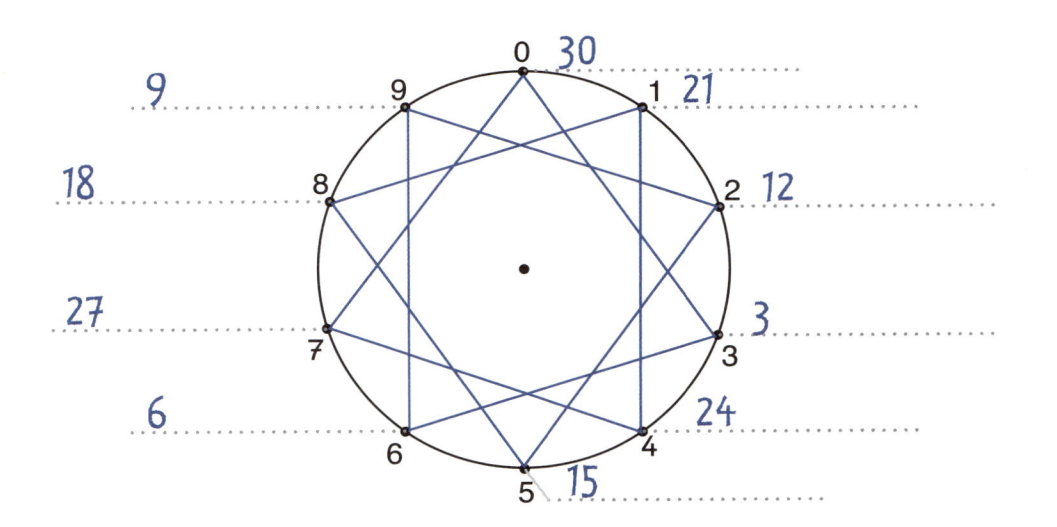

Üben ㉗   Punkte   Üben ㉘   Punkte

Üben 29 Schreibe Aufgabenfamilien mit „mal" und „geteilt".
Eine Zahl fehlt bei jeder Familie. Ergänze die fehlende Zahl zuerst.

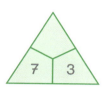   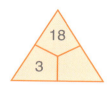   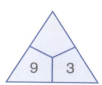

.... · .... = ...

.... · .... = ...

.... : .... = ...

.... : .... = ...

Üben 30 Rechne und umrande mit der passenden Farbe.

| 9 · 3 + 38 + 10 · 3 | | 113 − 6 · 3 |

| 95 | 6 · 3 − 27 : 3 + 86 | 105 |

| 4 · 3 + 103 | | 126 − 7 · 3 |

115

| 81 + 8 · 3 | | 96 − 24 : 3 + 9 · 3 | | 130 − 5 · 3 |

Einmaleinsreihen
Die Dreierreihe üben

Einmaleinsreihen

Die Dreierreihe üben

Lösung ㉙ Für jede richtige Aufgabe gibt es 1 Punkt.

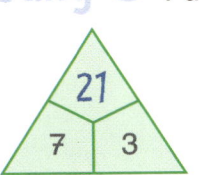

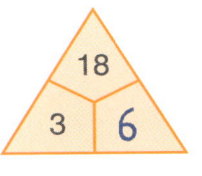

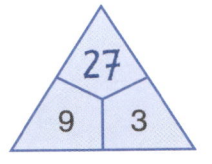

$7 \cdot 3 = 21$
$3 \cdot 7 = 21$
$21 : 3 = 7$
$21 : 7 = 3$

$6 \cdot 3 = 18$
$3 \cdot 6 = 18$
$18 : 3 = 6$
$18 : 6 = 3$

$9 \cdot 3 = 27$
$3 \cdot 9 = 27$
$27 : 3 = 9$
$27 : 9 = 3$

Lösung ㉚ Für jedes in der richtigen Farbe umrandete Kärtchen gibt es 1 Punkt.

95   105   115

$9 \cdot 3 + 38 + 10 \cdot 3$ $113 - 6 \cdot 3$

$6 \cdot 3 - 27 : 3 + 86$

$4 \cdot 3 + 103$ $126 - 7 \cdot 3$

$81 + 8 \cdot 3$ $96 - 24 : 3 + 9 \cdot 3$ $130 - 5 \cdot 3$

Üben ㉙ _____ Punkte   Üben ㉚ _____ Punkte

Üben 31 Rechne und färbe die Einerstellen.

1 · 6 = ... 6 · 6 = ...

2 · 6 = ... 7 · 6 = ...

3 · 6 = ... 8 · 6 = ...

4 · 6 = ... 9 · 6 = ...

5 · 6 = ... 10 · 6 = ...

Üben 32
Zeichne das Muster der Sechserreihe. Verbinde dafür die Einerstellen, die du in Üben 31 bereits gefärbt hast, der Reihe nach. Beginne bei der Null. Schreibe die dazugehörenden Ergebnisse auf die Linie neben den Einerstellen.

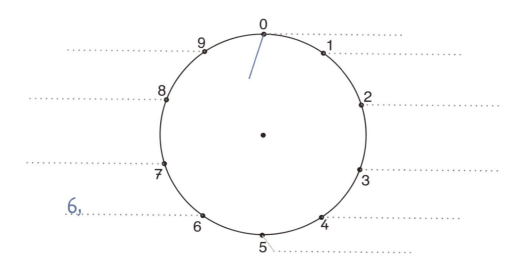

6, ...

Einmaleinsreihen
Die Sechserreihe

Einmaleinsreihen
Die Sechserreihe

Lösung **31**   Für jedes richtige Ergebnis gibt es 1 Punkt.

$1 \cdot 6 = 6$ $6 \cdot 6 = 36$

$2 \cdot 6 = 12$ $7 \cdot 6 = 42$

$3 \cdot 6 = 18$ $8 \cdot 6 = 48$

$4 \cdot 6 = 24$ $9 \cdot 6 = 54$

$5 \cdot 6 = 30$ $10 \cdot 6 = 60$

Lösung **32**   Für das richtige Muster gibt es 2 Punkte und für jede richtig aufgeschriebene Zahl gibt es 1 Punkt.

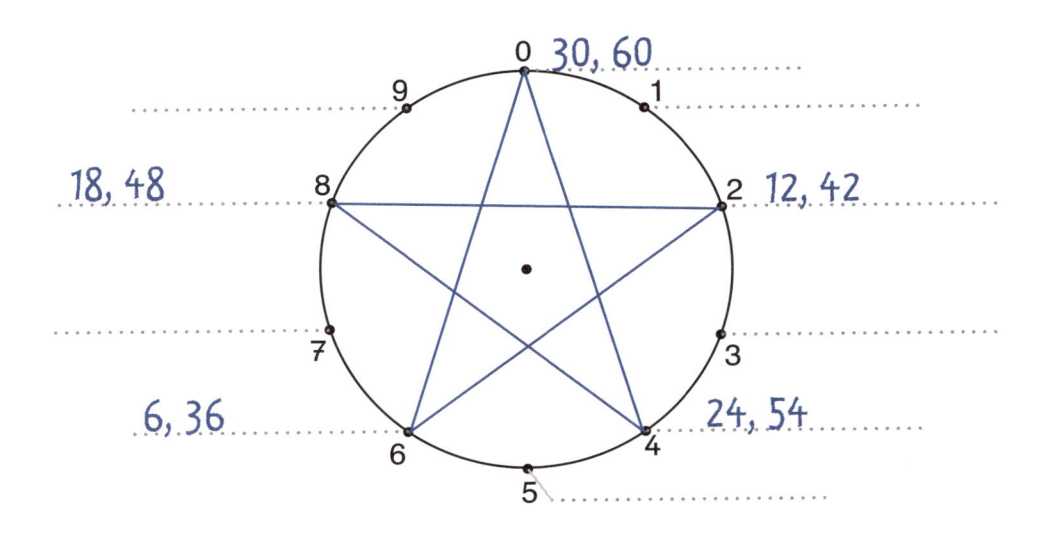

Üben 33 Ergänze.

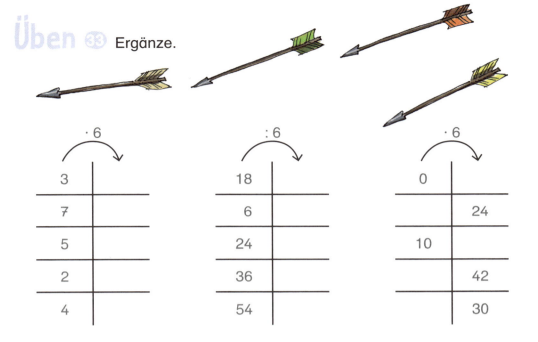

Üben 34 Rechne und verbinde mit Linien.

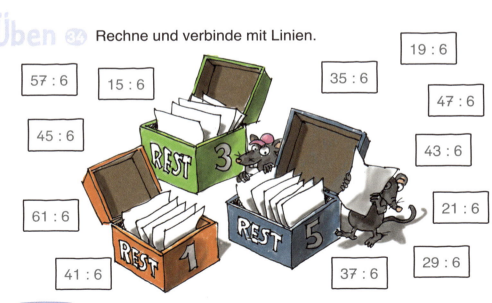

Einmaleinsreihen
Die Sechserreihe üben

Einmaleinsreihen
Die Sechserreihe üben

Lösung ㉝ Für jede richtige Zahl gibt es 1 Punkt.

· 6	
3	**18**
7	**42**
5	**30**
2	**12**
4	**24**

: 6	
18	**3**
6	**1**
24	**4**
36	**6**
54	**9**

· 6	
0	**0**
4	24
10	**60**
7	42
5	30

Lösung ㉞ Für jede richtige Verbindungslinie gibt es 1 Punkt.

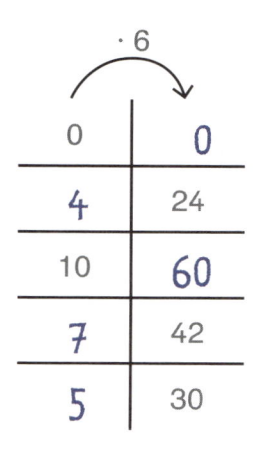

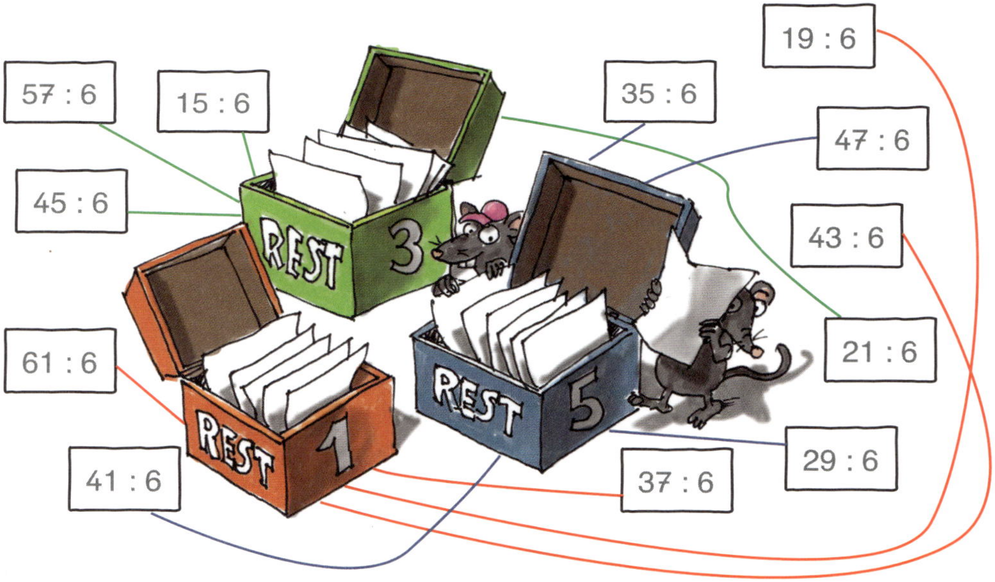

57 : 6

15 : 6

35 : 6

19 : 6

45 : 6

47 : 6

43 : 6

61 : 6

21 : 6

29 : 6

41 : 6

37 : 6

Üben 35 Rechne und färbe die Einerstellen.

1 · 9 = ...   6 · 9 = ...

2 · 9 = ...   7 · 9 = ...

3 · 9 = ...   8 · 9 = ...

4 · 9 = ...   9 · 9 = ...

5 · 9 = ...   10 · 9 = ...

Üben 36 Zeichne das Muster der Neunerreihe. Verbinde dafür die Einerstellen, die du in Üben 35 bereits gefärbt hast, der Reihe nach. Beginne bei der Null. Schreibe die dazugehörenden Ergebnisse auf die Linie neben den Einerstellen.

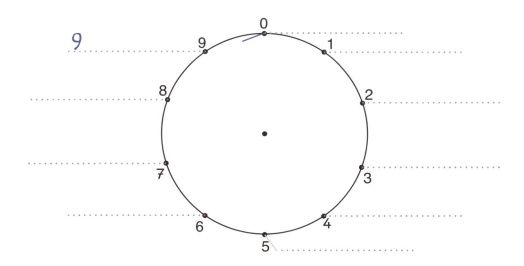

9 ......

Einmaleinsreihen
Die Neunerreihe

Einmaleinsreihen
Die Neunerreihe

Lösung 35 Für jedes richtige Ergebnis gibt es 1 Punkt.

$1 \cdot 9 = 9$

$2 \cdot 9 = 18$

$3 \cdot 9 = 27$

$4 \cdot 9 = 36$

$5 \cdot 9 = 45$

$6 \cdot 9 = 54$

$7 \cdot 9 = 63$

$8 \cdot 9 = 72$

$9 \cdot 9 = 81$

$10 \cdot 9 = 90$

Lösung 36 Für das richtige Muster gibt es 2 Punkte und für jede richtig aufgeschriebene Zahl gibt es 1 Punkt.

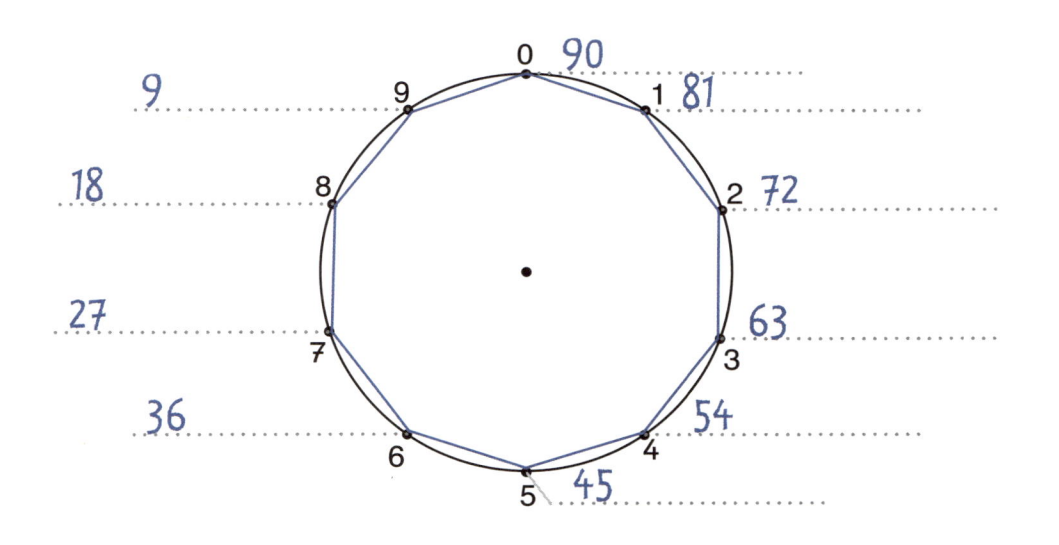

Üben 37 Rechne und kontrolliere (✓) mit der Probeaufgabe.

72 : 9 = ..., denn ...... · 9 = ... ☐

54 : 9 = ..., denn .... ☐

36 : 9 = ... ☐

23 : 9 = ... R ......, denn ...... · ...... + ... = ... ☐

97 : 9 = ... ☐

85 : 9 = ... ☐

74 : 9 = ... ☐

89 : 9 = ... ☐

Üben 38 Zerlege mithilfe der Neunerreihe so, dass alle Zahlen im grünen Kästchen kleiner als 9 sind.

64 = ... · ...... − ☐   22 = ... · ...... + ☐

47 = ... · ...... + ☐   53 = ... · ...... − ☐

32 = ... · ...... − ☐   78 = ... · ...... + ☐

Einmaleinsreihen
Die Neunerreihe üben

Einmaleinsreihen
Die Neunerreihe üben

Lösung 37 Für jede richtige Aufgabe gibt es 1 Punkt.

$72 : 9 = 8$, denn $8 \cdot 9 = 72$

$54 : 9 = 6$, denn $6 \cdot 9 = 54$

$36 : 9 = 4$, denn $4 \cdot 9 = 36$

$23 : 9 = 2$ R 5, denn $2 \cdot 9 + 5 = 23$

$97 : 9 = 10$ R 7, denn $10 \cdot 9 + 7 = 97$

$85 : 9 = 9$ R 4, denn $9 \cdot 9 + 4 = 85$

$74 : 9 = 8$ R 2, denn $8 \cdot 9 + 2 = 74$

$89 : 9 = 9$ R 8, denn $9 \cdot 9 + 8 = 89$

Lösung 38 Für jede richtige Aufgabe gibt es 1 Punkt.

$64 = 8 \cdot 9 - \boxed{8}$ $22 = 2 \cdot 9 + \boxed{4}$

$47 = 5 \cdot 9 + \boxed{2}$ $53 = 6 \cdot 9 - \boxed{1}$

$32 = 4 \cdot 9 - \boxed{4}$ $78 = 8 \cdot 9 + \boxed{6}$

Üben 39 Kreise alle Zahlen bis 90 ein: die Dreierreihe rot, die Sechserreihe gelb und die Neunerreihe grün.

Üben 40 Rechne.

·	3	6	9
8	24	48	72
5	15	30	45
3	9	18	27

·	9	3	6
7	63	21	42
4	36	12	24
9	81	27	54

Einmaleinsreihen
Dreier-, Sechser- und Neunerreihe

Einmaleinsreihen

Dreier-, Sechser- und Neunerreihe

Lösung 39 Für jede richtig eingekreiste Einmaleinsreihe gibt es 2 Punkte.

1	2	**3**	4	5	**6**	7	8	**9**	10
11	**12**	13	14	**15**	16	17	**18**	19	20
21	22	23	**24**	25	26	**27**	28	29	**30**
31	32	**33**	34	35	**36**	37	38	**39**	40
41	**42**	43	44	**45**	46	47	**48**	49	50
51	52	53	**54**	55	56	**57**	58	59	**60**
61	62	**63**	64	65	**66**	67	68	**69**	70
71	**72**	73	74	**75**	76	77	**78**	79	80
81	82	83	**84**	85	86	**87**	88	89	**90**

Lösung 40 Für jede richtige Zahl gibt es 1 Punkt.

·	3	6	9
8	24	48	72
5	15	30	45
3	9	18	27

·	9	3	6
7	63	21	42
4	36	12	24
9	81	27	54

Üben ④ Ergänze die fehlenden Zahlen.

Grüner Ballon:
..... · 3
..... · 6
..... · 9

Rosa Ballon:
..... · 3
..... · 6
..... · 9

Herzballon (orange):
18 · 3
..... · 6
..... · 9

Gelber Ballon (links):
..... : 3
54 : 6
..... : 9

Schildchen: 18, 72

Gelber Ballon (Mitte):
..... · 3
..... · 6
..... · 9

Schildchen: 36

Blauer Ballon:
..... : 3
..... : 6
54 : 9

Lila Ballon:
15 : 3
..... : 6
..... : 9

Oranger Ballon:
..... : 3
..... : 6
..... : 9

Schildchen: 7

Einmaleinsreihen
Dreier-, Sechser- und Neunerreihe

Einmaleinsreihen

Dreier–, Sechser– und Neunerreihe

Lösung ④ Für jeden richtigen Luftballon gibt es 2 Punkte.

Grüner Ballon:
..6.. · 3
..3.. · 6
..2.. · 9

Pinker Ballon:
..24.. · 3
..12.. · 6
..8.. · 9

Herz-Ballon:
18 · 3
..9.. · 6
..6.. · 9

Gelber Ballon (oben):
..12.. · 3
..6.. · 6
..4.. · 9

Gelber Ballon (links):
..27.. : 3
54 : 6
..81.. : 9

Zettel: 18, 72, 36

Roter Zettel: ..9..

Lila Ballon:
15 : 3
..30.. : 6
..45.. : 9

Oranger Ballon:
..21.. : 3
..42.. : 6
..63.. : 9

Blauer Ballon:
..18.. : 3
..36.. : 6
54 : 9

Zettel: 54, 6

Zettel: 5, 7

Üben ④ ☐ **Punkte**

Üben 42 — Rechne und färbe die Einerstellen.

1 · 7 = ...
2 · 7 = ...
3 · 7 = ...
4 · 7 = ...
5 · 7 = ...

6 · 7 = ...
7 · 7 = ...
8 · 7 = ...
9 · 7 = ...
10 · 7 = ...

Üben 43 — Zeichne das Muster der Siebenerreihe. Verbinde dafür die Einerstellen, die du in Üben 42 bereits gefärbt hast, der Reihe nach. Beginne bei der Null. Schreibe die dazugehörenden Ergebnisse auf die Linie neben den Einerstellen.

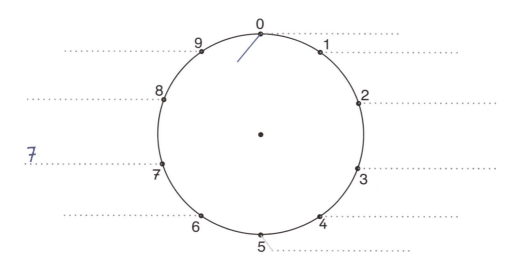

Einmaleinsreihen
Die Siebenerreihe

Einmaleinsreihen
Die Siebenerreihe

Lösung 42   Für jedes richtige Ergebnis gibt es 1 Punkt.

$1 \cdot 7 = 7$ $6 \cdot 7 = 42$

$2 \cdot 7 = 14$ $7 \cdot 7 = 49$

$3 \cdot 7 = 21$ $8 \cdot 7 = 56$

$4 \cdot 7 = 28$ $9 \cdot 7 = 63$

$5 \cdot 7 = 35$ $10 \cdot 7 = 70$

Lösung 43   Für das richtige Muster gibt es 2 Punkte und für jede richtig aufgeschriebene Zahl gibt es 1 Punkt.

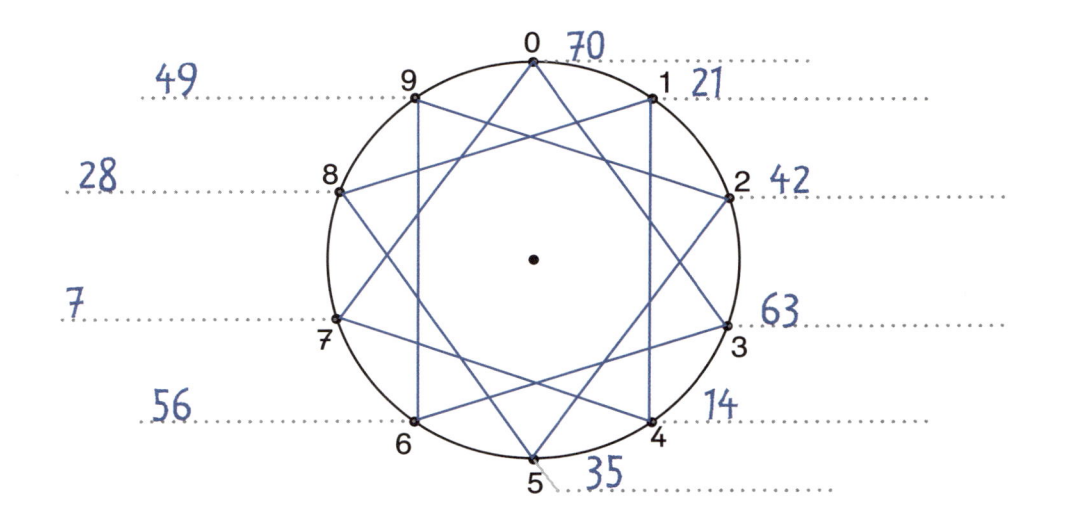

Üben 44
Streiche die Zahlen durch, die nicht durch 7 teilbar sind.

Üben 45
Immer „mal 7". Ergänze die Rechenräder.

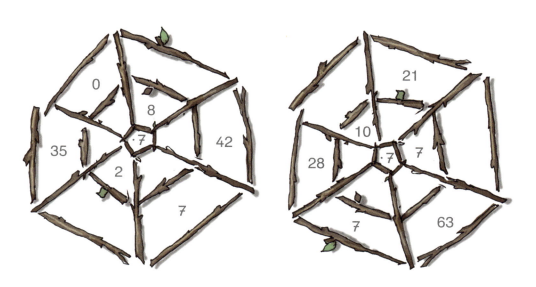

Einmaleinsreihen
Die Siebenerreihe üben

Einmaleinsreihen
Die Siebenerreihe üben

Lösung ④④ Für jede richtig durchgestrichene Zahl gibt es 1 Punkt.

Lösung ④⑤ Für jede richtige Zahl gibt es 1 Punkt.

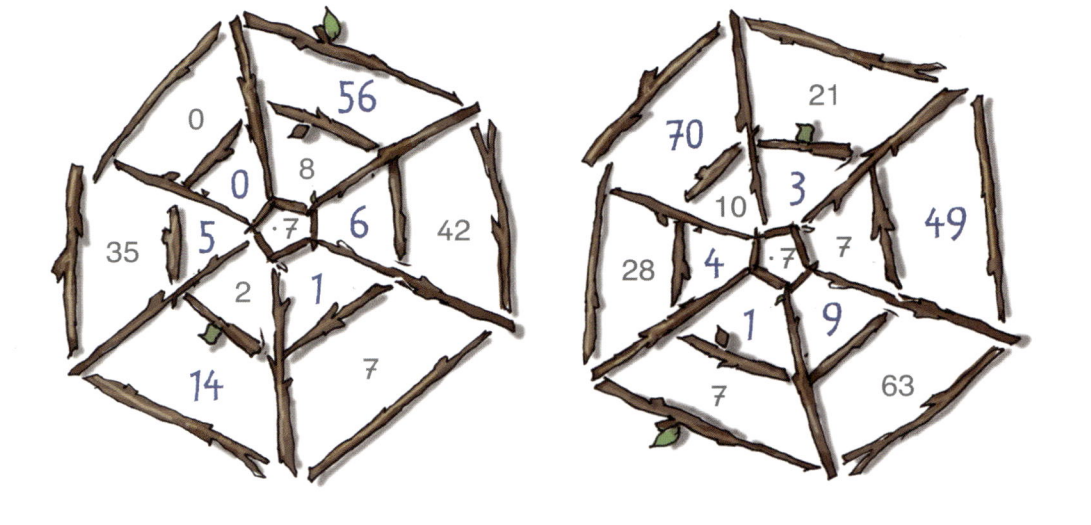

Üben 46 Rechne. Was fällt dir auf?

3 · 1 = ...	5 · 1 = ...	8 · 1 = ...
3 · 10 = ...	5 · 10 = ...	8 · 10 = ...
3 · 100 = ...	5 · 100 = ...	8 · 100 = ...

Mir fällt auf, dass ....

....

Üben 47 Trage in die Stellenwerttafel ein und rechne.

47 · 10 = ...

H	Z	E
	4	7

⤴ · 10

58 · 10 = ...

H	Z	E

⤴ · 10

26 · 10 = ...

H	Z	E

⤴ · 10

79 · 10 = ...

H	Z	E

⤴ · 10

Vermischte Aufgaben zum Einmaleins
Vielfache von 10

Vermischte Aufgaben zum Einmaleins
Vielfache von 10

Lösung ㊻ Für jedes richtige Ergebnis gibt es 1 Punkt.

$3 \cdot 1 = 3$ $5 \cdot 1 = 5$ $8 \cdot 1 = 8$

$3 \cdot 10 = 30$ $5 \cdot 10 = 50$ $8 \cdot 10 = 80$

$3 \cdot 100 = 300$ $5 \cdot 100 = 500$ $8 \cdot 100 = 800$

Mir fällt auf, dass ich bei einer Zahl „mal 10" nur eine Null und bei „mal 100" zwei Nullen an die Zahl anhängen muss.

Lösung ㊼ Für jede richtige Stellenwerttafel und für jede richtige Aufgabe gibt es 1 Punkt.

$47 \cdot 10 = 470$

H	Z	E
	4	7
4	7	0

$\cdot\, 10$

$58 \cdot 10 = 580$

H	Z	E
	5	8
5	8	0

$\cdot\, 10$

$26 \cdot 10 = 260$

H	Z	E
	2	6
2	6	0

$\cdot\, 10$

$79 \cdot 10 = 790$

H	Z	E
	7	9
7	9	0

$\cdot\, 10$

Üben ㊻   Punkte   Üben ㊼   Punkte

Üben 48 Rechne.

·	8	80
3		
5		
7		

·		7	70
		28	
9			
			420

Üben 49 Ergänze.

120
- 4 · ......
- ...... · 3
- 30 · ......
- ...... · 30
- ...... · 60
- 60 · ......
- ...... · 20

420
- ...... · 6
- 60 · ......
- 70 · ......
- ...... · 60

200
- ...... · 50
- 5 · ......
- 1 · ......
- ...... · 4
- ...... · 10
- 200 · ......
- 40 · ......

270
- ...... · 90
- 30 · ......
- ...... · 3
- 9 · ......

Vermischte Aufgaben zum Einmaleins
Vielfache von 10

Vermischte Aufgaben zum Einmaleins
Vielfache von 10

Lösung 48 Für jede richtige Zahl gibt es 1 Punkt.

·	8	80
3	24	240
5	40	400
7	56	560

·	7	70
4	28	280
9	63	630
6	42	420

Lösung 49 Für jede richtige Zahl gibt es 1 Punkt.

120
4 · 30
40 · 3
30 · 4
4 · 30
2 · 60
60 · 2
6 · 20

420
70 · 6
60 · 7
70 · 6
7 · 60

200
4 · 50
5 · 40
1 · 200
50 · 4
20 · 10
200 · 1
40 · 5

270
3 · 90
30 · 9
90 · 3
9 · 30

Üben 48   Punkte

Üben 49   Punkte

Üben 50 Male, schreibe und rechne.

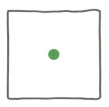
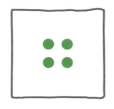
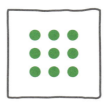
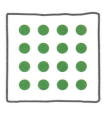

1 · 1 = ... 2 · 2 = ... 3 · 3 = ... 4 · 4 = ...

5 · 5 = ... 6 · 6 = ... 7 · 7 = ...

8 · 8 = ... 9 · 9 = ... 10 · 10 = ...

Vermischte Aufgaben zum Einmaleins
Quadratzahlen

Vermischte Aufgaben zum Einmaleins
Quadratzahlen

Lösung Für jedes richtige Punktebild und für jede richtige Aufgabe gibt es 1 Punkt.

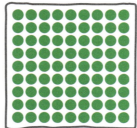

1 · 1 = 1   2 · 2 = 4   3 · 3 = 9   4 · 4 = 16

5 · 5 = 25   6 · 6 = 36   7 · 7 = 49

8 · 8 = 64   9 · 9 = 81   10 · 10 = 100

Üben Punkte

Üben 51 Kreise alle Quadratzahlen ein.

Üben 52 Schreibe zu jeder Quadratzahl die passende Malaufgabe.

49 = ... · ......   64 = ... · ......   9 = ... · ......

25 = ... · ......   36 = ... · ......   100 = ... · ......

1 = ... · ......   16 = ... · ......   81 = ... · ......

Üben 53 Schreibe jeweils die Nachbaraufgaben und rechne.

3 · 4 = ...   4 · 4 = ...   5 · 4 = ...

....   8 · 8 = ...

....   3 · 3 = ...

....   20 · 20 = ...

Vermischte Aufgaben zum Einmaleins
Quadratzahlen

Vermischte Aufgaben zum Einmaleins
Quadratzahlen

Lösung ⑤ Für jede richtig eingekreiste Quadratzahl gibt es 1 Punkt.

Lösung ⑤ Für jede richtige Aufgabe gibt es 1 Punkt.

$49 = 7 \cdot 7$	$64 = 8 \cdot 8$	$9 = 3 \cdot 3$
$25 = 5 \cdot 5$	$36 = 6 \cdot 6$	$100 = 10 \cdot 10$
$1 = 1 \cdot 1$	$16 = 4 \cdot 4$	$81 = 9 \cdot 9$

Lösung ⑤ Für jede richtige Aufgabe gibt es 1 Punkt.

$3 \cdot 4 = 12$	$4 \cdot 4 = 16$	$5 \cdot 4 = 20$
$7 \cdot 8 = 56$	$8 \cdot 8 = 64$	$9 \cdot 8 = 72$
$2 \cdot 3 = 6$	$3 \cdot 3 = 9$	$4 \cdot 3 = 12$
$19 \cdot 20 = 380$	$20 \cdot 20 = 400$	$21 \cdot 20 = 420$

Üben 54 Rechne.

START → 45 →:9→ ☐ →·20→ ☐
→·6→ ☐ →:30→ ☐ →·10→ ☐ →:50→ ☐
→·7→ ☐ →·10→ ☐ →:40→ ☐ → ZIEL

Üben 55 Ergänze.

160 : ...... = ...

360 : ...... = ...

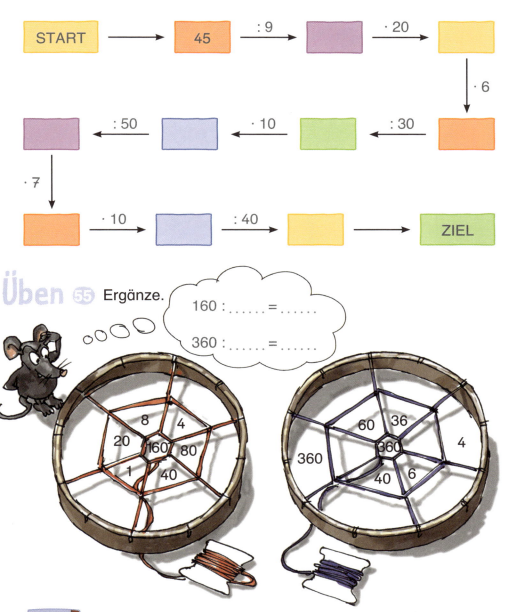

Vermischte Aufgaben zum Einmaleins
Kreuz und quer durchs Einmaleins

Vermischte Aufgaben zum Einmaleins

Kreuz und quer durchs Einmaleins

Lösung 54 Für jedes richtige Ergebnis gibt es 1 Punkt.

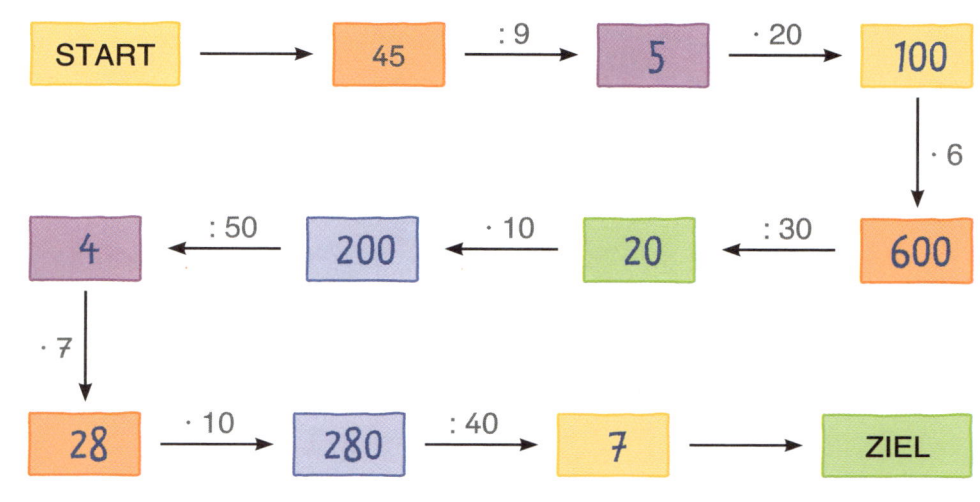

| START | → | 45 | : 9 → | 5 | · 20 → | 100 |

100 · 6 → 600

| 4 | ← : 50 | 200 | ← · 10 | 20 | ← : 30 | 600 |

4 · 7 → 28

| 28 | · 10 → | 280 | : 40 → | 7 | → | ZIEL |

Lösung 55 Für jede richtige Zahl gibt es 1 Punkt.

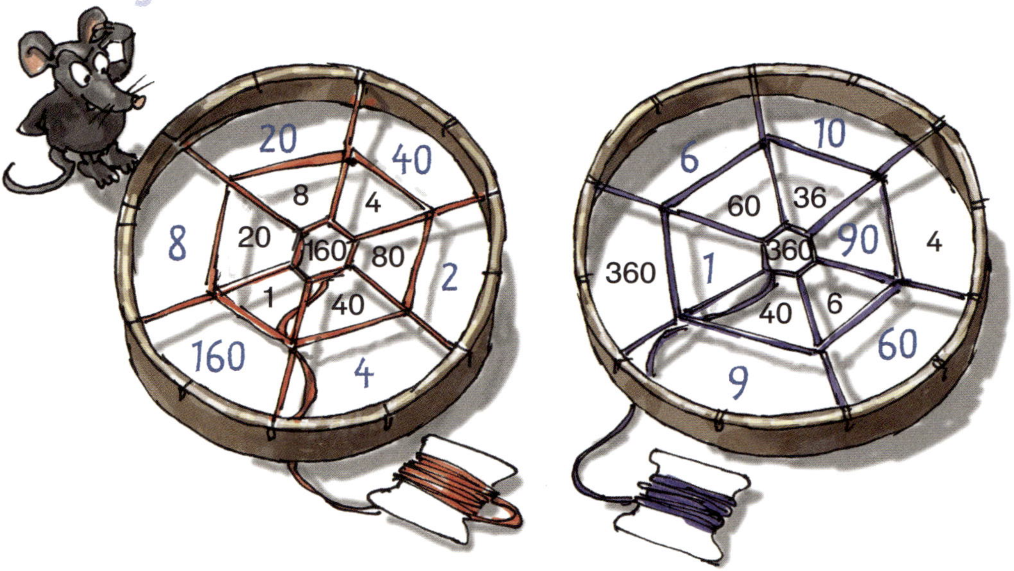

Üben 56 Rechne im Kopf.

3 · 60 = ...   7 · 20 = ...   6 · 30 = ...

6 · 60 = ...   7 · 40 = ...   6 · 60 = ...

9 · 60 = ...   7 · 80 = ...   6 · 90 = ...

2 · 70 = ...   8 · 80 = ...   9 · 80 = ...

4 · 70 = ...   4 · 80 = ...   9 · 40 = ...

6 · 70 = ...   2 · 80 = ...   9 · 40 = ...

Üben 57 Rechne geschickt.

7 · 4 · 5 = ...

2 · 9 · 5 = ...

5 · 7 · 4 = ...

4 · 5 · 8 = ...

5 · 5 · 6 = ...

9 · 8 · 5 = ...

Vermischte Aufgaben zum Einmaleins
Kreuz und quer durchs Einmaleins

Vermischte Aufgaben zum Einmaleins

Kreuz und quer durchs Einmaleins

Lösung 56 Für jede richtige Aufgabe gibt es 1 Punkt.

$3 \cdot 60 = 180$	$7 \cdot 20 = 140$	$6 \cdot 30 = 180$
$6 \cdot 60 = 360$	$7 \cdot 40 = 280$	$6 \cdot 60 = 360$
$9 \cdot 60 = 540$	$7 \cdot 80 = 560$	$6 \cdot 90 = 540$
$2 \cdot 70 = 140$	$8 \cdot 80 = 640$	$9 \cdot 80 = 720$
$4 \cdot 70 = 280$	$4 \cdot 80 = 320$	$9 \cdot 40 = 360$
$6 \cdot 70 = 420$	$2 \cdot 80 = 160$	$9 \cdot 20 = 180$

Lösung 57 Für jede richtige Aufgabe gibt es 1 Punkt.

Mögliche Lösungen:

$7 \cdot 4 \cdot 5 = \ 7 \cdot 20 = 140$

$2 \cdot 9 \cdot 5 = 10 \cdot \ 9 = \ 90$

$5 \cdot 7 \cdot 4 = 20 \cdot \ 7 = 140$

$4 \cdot 5 \cdot 8 = \ 4 \cdot 40 = 160$ oder $20 \cdot 8 = 160$

$5 \cdot 5 \cdot 6 = \ 5 \cdot 30 = 150$

$9 \cdot 8 \cdot 5 = \ 9 \cdot 40 = 360$

TIPP

Manchmal ist es geschickt, die Zahlen zu tauschen.

$8 \cdot 2 \cdot 5 = 2 \cdot 5 \cdot 8 = 10 \cdot 8$ oder $8 \cdot 2 \cdot 5 = 8 \cdot 10 = 80$

Üben 56 **Punkte**   Üben 57 **Punkte**

Üben 58 Setze die Reihen fort. Ergänze die fehlenden Zahlen.

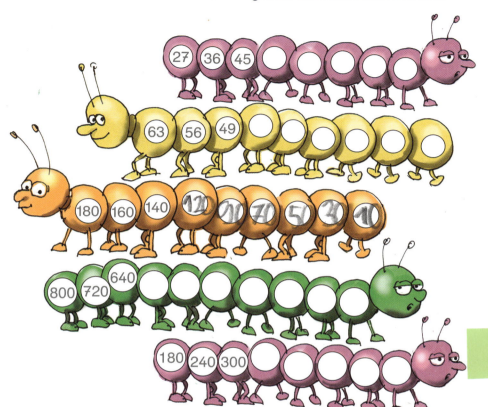

Üben 59 Rechne und ergänze.

:	4	40	8	80
160				
240				
560				

:	3	30	9	90
90				
180				
270				

Vermischte Aufgaben zum Einmaleins

Kreuz und quer durchs Einmaleins

Vermischte Aufgaben zum Einmaleins

Kreuz und quer durchs Einmaleins

Lösung 58 Für jede richtige Raupe gibt es 1 Punkt.

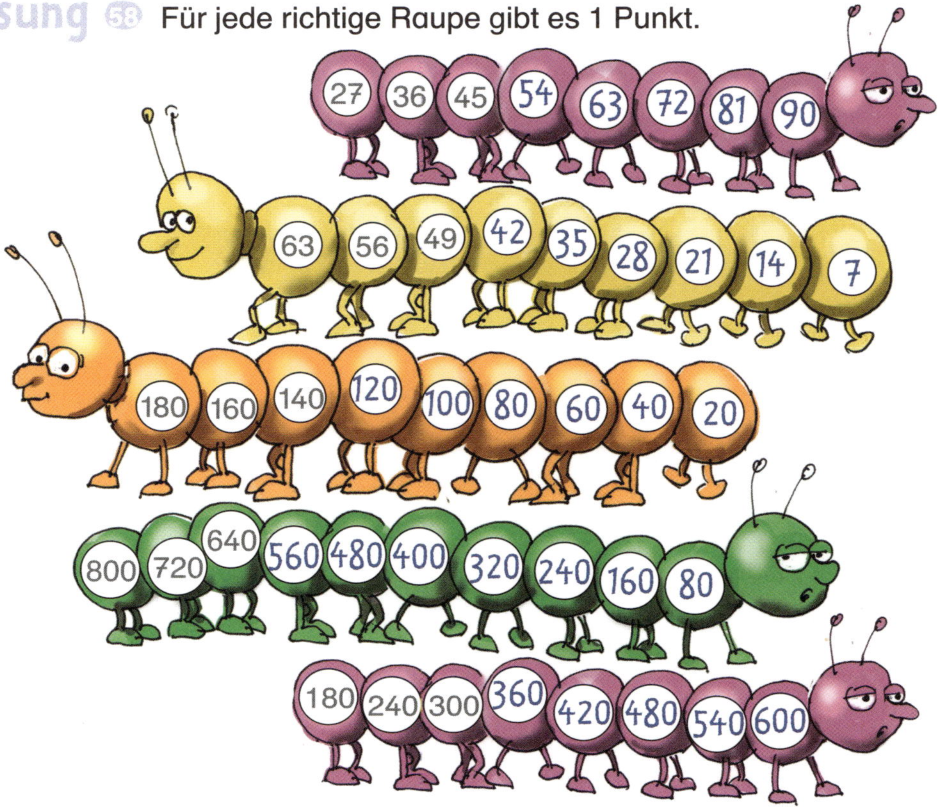

27 · 36 · 45 · 54 · 63 · 72 · 81 · 90

63 · 56 · 49 · 42 · 35 · 28 · 21 · 14 · 7

180 · 160 · 140 · 120 · 100 · 80 · 60 · 40 · 20

800 · 720 · 640 · 560 · 480 · 400 · 320 · 240 · 160 · 80

180 · 240 · 300 · 360 · 420 · 480 · 540 · 600

Lösung 59 Für jede richtige Zahl gibt es 1 Punkt.

:	4	40	8	80
160	40	4	20	2
240	60	6	30	3
560	140	14	70	7

:	3	30	9	90
90	30	3	10	1
180	60	6	20	2
270	90	9	30	3

Üben 58 ___ Punkte   Üben 59 ___ Punkte

Üben 60 Löse die Aufgaben mit dem Malkreuz.

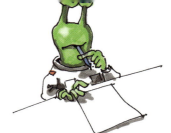

4 · 15 = ...

·	10	5	
4			

8 · 17 = ...

·	10	7	
8			

5 · 25 = ...

·			

6 · 37 = ...

·			

12 · 16 = ...

·	10	6	
10			
2			

14 · 18 = ...

·			

3 · 327 = ...

·				

6 · 145 = ...

·				

Vermischte Aufgaben zum Einmaleins
Kreuz und quer durchs Einmaleins

Vermischte Aufgaben zum Einmaleins

Kreuz und quer durchs Einmaleins

Lösung ⑥⓪ Für jedes richtige Malkreuz gibt es 2 Punkte.

$4 \cdot 15 = 60$

·	10	5	
4	40	20	**60**

$8 \cdot 17 = 136$

·	10	7	
8	80	56	**136**

$5 \cdot 25 = 125$

·	20	5	
5	100	25	**125**

$6 \cdot 37 = 222$

·	30	7	
6	180	42	**222**

$12 \cdot 16 = 192$

·	10	6	
10	100	60	160
2	20	12	32
			192

$14 \cdot 18 = 252$

·	10	8	
10	100	80	180
4	40	32	72
			252

$3 \cdot 327 = 981$

·	300	20	7	
3	900	60	21	**981**

$6 \cdot 145 = 870$

·	100	40	5	
6	600	240	30	**870**

Üben 61 Rechne geschickt.

4 · 79 = ...	9 · 13 = ...	7 · 31 = ...
4 · 80 = ...	10 · 13 = ...	7 · 30 = ...
4 · 1 = ...	1 · 13 = ...	7 · 1 = ...
...... − ...... = ...	...... − ...... = ...	...... + ... = ...
9 · 12 = ...	8 · 59 = ...	6 · 29 = ...
....	....	....
....	....	....
....	....	....

Üben 62 Rechne geschickt.

306 : 6 = ...	623 : 7 = ...	711 : 9 = ...
300 : 6 = ...	630 : 7 = ...	720 : 9 = ...
312 : 6 = ...	637 : 7 = ...	729 : 9 = ...

Vermischte Aufgaben zum Einmaleins
Kreuz und quer durchs Einmaleins

Vermischte Aufgaben zum Einmaleins

Kreuz und quer durchs Einmaleins

Lösung 61 Für jede richtige Aufgabe gibt es 1 Punkt.

$4 \cdot 79 = 316$	$9 \cdot 13 = 117$	$7 \cdot 31 = 217$
$4 \cdot 80 = 320$	$10 \cdot 13 = 130$	$7 \cdot 30 = 210$
$4 \cdot 1 = 4$	$1 \cdot 13 = 13$	$7 \cdot 1 = 7$
$320 - 4 = 316$	$130 - 13 = 117$	$210 + 7 = 217$

$9 \cdot 12 = 108$	$8 \cdot 59 = 472$	$6 \cdot 29 = 174$
$10 \cdot 12 = 120$	$8 \cdot 60 = 480$	$6 \cdot 30 = 180$
$1 \cdot 12 = 12$	$8 \cdot 1 = 8$	$6 \cdot 1 = 6$
$120 - 12 = 108$	$480 - 8 = 472$	$180 - 6 = 174$

Lösung 62 Für jede richtige Aufgabe gibt es 1 Punkt.

$306 : 6 = 51$	$623 : 7 = 89$	$711 : 9 = 79$
$300 : 6 = 50$	$630 : 7 = 90$	$720 : 9 = 80$
$312 : 6 = 52$	$637 : 7 = 91$	$729 : 9 = 81$

Üben  Rechne und trage die Ergebnisse in das Kreuzzahlrätsel ein.

Waagerecht:

A 10 · 20 + 16
F 1000 − 60 · 10 − 7 · 7 − 51
G 80 · 0
H 300 : 10 + 0 · 200
J 400 − 8 · 9 − 10 · 20 − 6 · 7

Senkrecht:

B 1 · 30 − 2
C 70 · 9
D 5 · 100 − 92
E 6 · 9 − 12 + 8 · 8
F 6 · 6 + 0 · 100
H 40 · 3 − 9 · 9 − 31
I 5 · 5 + 4 · 40 − 176

 Vermischte Aufgaben zum Einmaleins
Kreuz und quer durchs Einmaleins

Vermischte Aufgaben zum Einmaleins

Kreuz und quer durchs Einmaleins

Lösung 63 Für jedes richtige Ergebnis gibt es 1 Punkt.

	B ↓		C ↓		D ↓		E ↓
A →	2	1	6		4		1
	8	F → ↓	3	0	0	G →	0
	H → ↓	3	0	I ↓	8		6
J →	8	6		9			

TIPP

Punktrechnung kommt vor Strichrechnung.

Üben 64 Rechne.

Im Kinocenter gibt es 2 Kinosäle: Das Studio hat 8 Reihen mit je 20 Plätzen. Im Atlantis gibt es 12 Reihen mit je 20 Plätzen. Wie viele Plätze hat das Kinocenter insgesamt?

Rechnung:

Antwort: ....

In das City-Kino passen insgesamt 256 Zuschauer. Es gibt 4 Logen mit je 8 Plätzen. Im Parkett sind 7 Reihen mit je 12 Plätzen. Wie viele Plätze hat jede der restlichen 20 Reihen?

Rechnung:

Antwort: ....

Sachaufgaben zum Einmaleins
Im Kino

Sachaufgaben zum Einmaleins
Im Kino

Lösung 64   Für jede richtige Sachaufgabe gibt es 2 Punkte.

Mögliche Rechenschritte:

Rechnung: Studio: $8 \cdot 20 = 160$
                     Atlantis: $12 \cdot 20 = 240$
                     $160 + 240 = 400$

Antwort: Das Kinocenter hat insgesamt 400 Plätze.

Rechnung: Loge: $4 \cdot \ 8 = 32$
                     Parkett: $7 \cdot 12 = 84$
                     $\ 84 + \ 32 = 116$
                     $256 - 116 = 140$
                     $140 : \ 20 = \ 7$

Antwort: Jede der restlichen 20 Reihen hat 7 Plätze.

Üben 65 Rechne.

Die Waldschule plant für 240 Kinder ein Sportfest. Es sollen immer 20 Kinder gleichzeitig an einer Station sein. Wie viele Stationen müssen aufgebaut werden, damit alle Kinder aufgeteilt sind?

Rechnung:

Antwort: ....

Tim, Celia und Marc trainieren für einen Laufwettbewerb. Tim läuft in einer Woche 14 Runden auf dem Sportplatz. Celia läuft dreimal so viel und Marc sogar das Doppelte von Celia. Wie viele Runden läuft Marc in einer Woche mehr als Tim?

Rechnung:

Antwort: ....

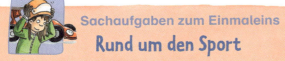

Sachaufgaben zum Einmaleins
Rund um den Sport

Sachaufgaben zum Einmaleins
Rund um den Sport

Lösung 65 Für jede richtige Sachaufgabe gibt es 2 Punkte.

Mögliche Rechenschritte:

Rechnung: $240 : 20 = 12$

Antwort: Es müssen 12 Stationen aufgebaut werden.

Rechnung: Tim: 14

Celia: $3 \cdot 14 = 42$

Marc: $42 \cdot 2 = 84$

$84 - 14 = 70$

Antwort: Marc läuft 70 Runden mehr als Tim.

Üben 66 Rechne.

Die Klasse 3c mit 24 Kindern plant einen Ausflug zum Skaterpark. Die Hälfte davon sind Jungen. Alle Jungen haben ein Wave- oder Skateboard. Nur die Hälfte der Mädchen besitzt ein Board. Wie viele Boards müssen noch geliehen werden?

Rechnung:

Antwort:

Bei einem Fußballturnier spielen auf einem Kleinfeld 7 gegen 7 Spieler. Am Turnier nehmen 16 Jungen- und 12 Mädchenmannschaften teil. Jede Mannschaft hat noch 2 Ersatzspieler dabei. Wie viele Kinder wurden insgesamt angemeldet?

Rechnung:

Antwort:

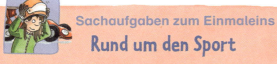

Sachaufgaben zum Einmaleins
Rund um den Sport

Sachaufgaben zum Einmaleins
Rund um den Sport

Lösung 66 Für jede richtige Sachaufgabe gibt es 2 Punkte.

Mögliche Rechenschritte:

Rechnung: Jungen: $24 : 2 = 12$
Mädchen: $24 : 2 = 12$

Boards Jungen: 12
Boards Mädchen: $12 : 2 = 6$

Antwort: Es müssen noch 6 Boards ausgeliehen werden.

Rechnung: Anzahl Kinder für jede Mannschaft: $7 + 2 = 9$
Jungenmannschaften: $16 \cdot 9 = 144$
Mädchenmannschaften: $12 \cdot 9 = 108$
Gesamtspieler: $144 + 108 = 252$

Antwort: Es wurden insgesamt 252 Kinder angemeldet.

Üben  Rechne.

Beim Schulfest werden für das Kuchenbüfett 16 Torten und 14 Kuchen abgegeben. Jede Torte wird in 16 Stücke und jeder Kuchen in 12 Stücke geschnitten. Wie viele Stücke können insgesamt verkauft werden?

Rechnung:

Antwort: ....

Für den Würstchenstand des Schulfestes wurden 11 Pakete mit je 8 Bratwürsten und 15 Pakete mit je 6 Paar Wienerwürstchen eingekauft. Wie viele Würstchen können insgesamt verkauft werden?

Rechnung:

Antwort: ....

Sachaufgaben zum Einmaleins
Beim Schulfest

Sachaufgaben zum Einmaleins
Beim Schulfest

Lösung ⑥⑦ Für jede richtige Sachaufgabe gibt es 2 Punkte.

Mögliche Rechenschritte:

Rechnung: Tortenstücke: $16 \cdot 16 = 256$
Kuchenstücke: $14 \cdot 12 = 168$
Stücke gesamt: $256 + 168 = 424$

Antwort: Es können insgesamt 424 Stücke verkauft werden.

Rechnung: Bratwürste: $11 \cdot 8 = 88$
Wiener: $15 \cdot 6 \cdot 2 = 180$
Würstchen gesamt: $88 + 180 = 268$

Antwort: Es können insgesamt 268 Würstchen verkauft werden.

Üben ⑥⑦ **Punkte**

Trage hier ein, wie viele Punkte du bei den Übungen erreicht hast und ob die Aufgaben für dich leicht 😊 oder schwer ☹ waren. Lass dir beim Ausrechnen der Gesamtpunktzahl helfen.

Einmaleinsreihen	Punktzahl	Erreichbare Punktzahl	😊	☹
Üben 1		20		
Üben 2		8		
Üben 3		12		
Üben 4		14		
Üben 5		10		
Üben 6		10		
Üben 7		4		
Üben 8		16		
Üben 9		4		
Üben 10		6		
Üben 11		10		
Üben 12		11		
Üben 13		12		
Üben 14		4		
Üben 15		10		
Üben 16		11		
Üben 17		12		
Üben 18		10		
Üben 19		10		
Üben 20		11		
Üben 21		12		
Üben 22		1		
Üben 23		6		
Üben 24		18		

Trainingsergebnisse

Trainingsergebnisse

	Punktzahl		
Gesamtpunktzahl		465	
Üben 25		18	
Üben 26		4	
Üben 27		10	
Üben 28		11	
Üben 29		12	
Üben 30		8	
Üben 31		10	
Üben 32		11	
Üben 33		15	
Üben 34		12	
Üben 35		10	
Üben 36		11	
Üben 37		8	
Üben 38		9	
Üben 39		9	
Üben 40		18	
Üben 41		16	
Üben 42		10	
Üben 43		11	
Üben 44		4	
Üben 45		12	

Vermischte Aufgaben zum Einmaleins	Punktzahl	Erreichbare Punktzahl	🙂	🙃
Üben 46		9		
Üben 47		8		
Üben 48		12		
Üben 49		22		
Üben 50		16		

Üben 51		5		
Üben 52		9		
Üben 53		12		
Üben 54		9		
Üben 55		12		
Üben 56		18		
Üben 57		6		
Üben 58		5		
Üben 59		24		
Üben 60		16		
Üben 61		6		
Üben 62		9		
Üben 63		12		
Gesamtpunktzahl		210		

	Sachaufgaben zum Einmaleins	Punktzahl	Erreichbare Punktzahl	🙂	🙁
	Üben 64		4		
	Üben 65		4		
	Üben 66		4		
	Üben 67		4		
	Gesamtpunktzahl		16		

Endergebnis: .... von 691 erreichbaren Punkten.

Trainingsergebnisse

Trainingsergebnisse

bis 300 Punkte: Prima, dass du alle Aufgaben bearbeitet und so fleißig trainiert hast! Du solltest jedoch noch weiter üben, um sicherer im Rechnen mit dem Einmaleins zu werden.
Bitte deine Lehrerin oder deinen Lehrer um weitere Übungen zum Einmaleins und zu den Grundrechenarten, die dir besondere Schwierigkeiten machen. Auch das Buch „Einfach klasse in Mathematik – 3. Klasse" kann dir helfen: Dort findest du viele Übungen und kannst wichtige Regeln wiederholen.

301 bis 500 Punkte: Du hast vieles richtig gemacht und toll durchgehalten! Wenn du weiter regelmäßig trainierst, kannst du zu einem richtigen Rechenprofi werden. Dazu solltest du dir die Aufgaben nochmals genau ansehen, bei denen du in den Trainingsergebnissen dieses Zeichen angekreuzt hast: ☹
Suche dir zum Rechnen mit dem Einmaleins Übungen in deinem Mathematikbuch und wiederhole die Tipps auf den Lösungsseiten.

501 bis 691 Punkte: Herzlichen Glückwunsch! Du bist fit im Rechnen mit dem Einmaleins. Nun ist es wichtig, dass du durch regelmäßiges Training deine gute Form behältst: Suche dir für die Freiarbeit in der Schule oder zum Üben zu Hause immer wieder Aufgaben zum Rechnen mit dem Einmaleins aus.

Als Belohnung fürs Durchhalten darfst du dir die Medaille auf der nächsten Seite ausschneiden!

Du hast es geschafft!

Trenne das Blatt heraus und schneide die Medaille aus.

Stich oder schneide ein Loch in den kleinen Kreis oben.

Ziehe ein Band durch das Loch.

Medaille für Rechenprofis